Inhalt

Fettnäpfchenalarm - Interkulturelle Inkompetenz ist nicht nur potenziell peinlich, sondern gefährdet auch den Geschäftserfolg

Kernthesen

Beitrag

Fallbeispiele

Weiterführende Literatur

Impressum

Fettnäpfchenalarm - Interkulturelle Inkompetenz ist nicht nur potenziell peinlich, sondern gefährdet auch den Geschäftserfolg

Harald Reil

Kernthesen

- Die kulturelle Kommunikationsschulung sollte auf dem Lehrplan von allen Firmen stehen, die Geschäftsbeziehungen mit dem Ausland unterhalten.
- Andernfalls laufen Mitarbeiter Gefahr, sich nicht nur in interkulturelle Fallstricke zu verheddern, sondern auch den

Geschäftserfolg zu gefährden.
- Keiner kennt alle Kulturen. Einige Verhaltensgrundregeln helfen aber dabei, sich auch in unbekanntem Terrain einigermaßen sicher zu bewegen.
- In interkulturellen Teams, deren Mitglieder über einen längeren Zeitraum zusammenarbeiten, gibt es großes Konfliktpotenzial. Kulturelle Kompetenzschulungen sorgen für Entspannung.
- Einige Kritiker warnen allerdings davor, dass kulturelle Kompetenzseminare auch Vorurteile und Stereotypen verschärfen können.

Beitrag

Interkulturelle Kommunikation gehört auf den Firmenlehrplan

Ins Fettnäpfchen zu treten, ist nicht schwer. Und oft weiß derjenige, der hineingetreten ist, auch ganz genau, was er falsch gemacht hat - nur leider zu spät. Anders ist das im Ausland. Dort gibt es Fettnäpfchen en masse, die meisten von ihnen leider unsichtbar, was die Gefahr eines Fehltritts erstens drastisch erhöht und dem Verursacher zweitens nicht einmal bewusst werden lässt, was er angerichtet hat. Vor allem in der Business-Welt können die Folgen potenziell fatal sein - und dem Unternehmen Millionen von Euro kosten. Interkulturelle Kompetenz sollte daher im Zeitalter der Globalisierung auf jedem Firmenlehrplan stehen. Denn wer in dieser Beziehung seine Hausaufgaben nicht macht, kann im Vergleich mit der Konkurrenz ganz schnell ins Hintertreffen geraten. Allerdings gibt es auch kritische Stimmen & (1), (4)

Das Problem mit der Pelle

Es ist von keinem zu erwarten, dass er von jeder ihm fremden Kultur alle Einzelheiten versteht. Aber erstens beschränken sich in der Businesswelt die Kontakte normalerweise auf Treffen mit einer begrenzten Zahl von Geschäftspartnern, die aus einer überschaubaren Anzahl von Kulturen kommen; und zweitens gibt es genügend Fachbücher oder auch Seminare, um sich speziell auf diese Treffen vorzubereiten. Wichtige Elemente der interkulturellen Kommunikation sind Intonation, Gesten und Mimik. Hier existieren einige Grundegeln, deren sich jeder Reisende zwischen den Welten bewusst sein sollte. Die erste ist die so genannte Raumdistanz. In einigen

Kulturen ist es kein Problem, dem Nächsten, obwohl man ihn noch gar nicht so richtig kennt, relativ nahe auf die Pelle zu rücken. Indien, zum Beispiel, ist dafür ein Paradebeispiel. In Deutschland gehen die Menschen schon ein wenig mehr auf Abstand, und in den USA rückt man sogar noch ein bisschen weiter voneinander ab. (2)

Das Kreuz mit dem Blick

Schuhsohlen sind nicht in jeder Kultur gern gesehen. Das leuchtet aber erst dann ein, wenn man es weiß. Denn die Unterseite der Schuhe ist in der Regel der dreckigste Teil der Kleidung, und wer möchte schon gerne einem Schmutzfinken gegenübersitzen. Beinewippen ist daher in arabischen, aber auch in südostasiatischen Ländern tabu. Auch mit dem Blickkontakt ist das so eine Sache. In Deutschland schauen sich auch fremde Menschen vergleichsweise offen in die Augen. Das zeugt von Vertrauen und Aufrichtigkeit. Ein wandernder, unsteter Blick wird hingegen mit Unsicherheit oder schlechtem Gewissen assoziiert. In anderen Ländern fühlen sich Menschen allerdings schnell unwohl, wenn der Blick zu tief dringt. Daher gilt: öfter mal die Augen woanders hinlenken. (2)

Reden ist Gold &

Ein weiterer Tipp, der Gold wert sein kann, lässt sich folgendermaßen umschreiben: Wer offen den Dialog über kulturelle Unklarheiten sucht, kann bei seinem Gesprächspartner schnell punkten. Dafür bieten sich etwa folgende Leitfragen an: Wie muss ich mich verhalten, dass das Gespräch einen guten Verlauf nimmt? Ist mit der Verhandlungsführung alles in Ordnung? Oder können wir etwas besser machen? Schließlich gilt es zu berücksichtigen, dass jeder Mitarbeiter eines Unternehmens auch ein Botschafter seiner eigenen Kultur ist. Das heißt: Er sollte sich auch mit den eigenen Sitten und Gepflogenheiten bewusst auseinandersetzen. Nur durch das Verständnis der eigenen Eigenheiten, lassen sich auch andere Eigenheiten relativieren und leichter akzeptieren. (2)

Lächeln, immerzu lächeln

Sollte man wirklich einmal nicht mehr weiter wissen, dann raten erfahrene Trainer für interkulturelle Kompetenz, sich an eine einfache Faustregel zu halten: lächeln, immerzu lächeln. Denn diese wohl menschlichste aller menschlichen Möglichkeiten, sich auszudrücken, wird auf der ganze Welt als angenehm und als Freundschaftsbeweis verstanden - unabhängig von Kultur, Rasse oder Religion. (2)

Konfliktpotenzial in interkulturellen Teams ist groß

Dennoch kann dieser gut gemeinte Rat natürlich nicht alle Konflikte lösen. Vor allem dann nicht, wenn im Zuge der Internationalisierung von Unternehmen die Team-Diversity zunimmt und Menschen aus verschiedenen Kulturen über einen längeren Zeitraum hinweg in Teams zusammenarbeiten müssen. Dann kristallisiert sich relativ rasch heraus, dass es oft diametral entgegengesetzte Auffassungen gibt, was zum Beispiel Pünktlichkeit oder die offene Ansprache von Problemen betrifft. Bei der Zusammenstellung von multikulturellen Teams sind daher vor allem das Fingerspitzengefühl und die Erfahrung der Projektleiter gefragt. Eine der wichtigsten Voraussetzungen: Sie alle sollten schon einmal für längere Zeit im Ausland gelebt haben. Spezielle Trainings, bei denen auch die interkulturelle Kommunikation auf dem Stundenplan steht, können außerdem dabei helfen, Konflikte frühzeitig zu erkennen und zu entschärfen. (3)

Trends

Interkulturelles Coaching

Kritiker von kulturellen Kompetenzschulungen warnen davor, dass die Vergleich der eigenen Kultur mit einer fremden auch zu einer Verschärfung von Stereotypen und Vorurteilen sowie einem gesteigerten Ethnozentrismus führen kann; und zwar dann, wenn kein wirklicher Perspektivenwechsel stattfindet, sondern die Sicht von außen auf die fremde Kultur nach wie vor dominiert. Kulturelles Wissen führt in diesem Fall nicht zur Akzeptanz und Toleranz, sondern zu einem Gefühl der Überlegenheit, das sich in Aussagen wie zum Beispiel "Die Inder sind im Großen und Ganzen etwas chaotischer als die Deutschen" oder ähnlichen Pauschalurteilen widerspiegelt. Stattdessen raten die Kritiker traditioneller interkultureller Kompetenzschulungen zu einem prozessbegleitenden Coaching, das Interpretationen von bestimmten fremden kulturellen Phänomenen thematisiert und auf Kontrastierungen verzichtet. Essentiell ist in dem Zusammenhang eine langfristige Verzahnung von geschulten Personen, Personalverantwortlichen und externen interkulturellen Experten. (4)

Fallbeispiele

Die Welt rückt zusammen

Da die Welt im Zeitalter der Globalisierung immer enger zusammenrückt, müssen sich Unternehmen zwangsläufig mit dem Thema "Interkulturelle Kompetenz" auseinandersetzen. In Konzernen ist das wohl kein Problem, der Mittelstand allerdings muss nachziehen und sich, was die Firmenkultur anbelangt, internationaler ausrichten. Das ist gar nicht so einfach, wenn es sich um alteingesessene Familienunternehmen handelt, die noch dazu in der Provinz angesiedelt sind. Aber nur so haben Mittelständler, die nicht nur gegen eine weltweite Konkurrenz bestehen, sondern sich auch noch mit Nachwuchssorgen auseinandersetzen müssen, eine Chance, Fachleute ins Unternehmen zu holen und - was noch entscheidender ist - diese längerfristig an sich zu binden. (5)

Kaum Qualitätskontrollen

Eine Untersuchung von interkulturellen Kommunikationsschulungen hat ergeben, dass es kaum Qualitätskontrollen gibt, die ihre Effizienz messen. Die Mehrheit der befragten Personalverantwortlichen setzte ganz einfach voraus, dass sie die gewünschte Wirkung erzielen. Gleichzeitig ergab die Analyse der Trainingsunterlagen, dass alle untersuchten Trainings kulturvergleichend abliefen, d.h. in erster Linie die Differenz zwischen den Kulturen beschrieben. (4)

Masters Degree in interkultureller Kommunikation

Vergangenes Jahr hat die Fachhochschule Frankfurt erstmals eine Fortbildung angeboten, während der die Teilnehmer lernen konnten, wie sie mit Geschäftsleuten aus anderen Ländern umgehen. Der Weiterbildungskurs trug den Titel "Interkulturelle Kommunikation und Verhandlungsführung". An der Stiftung Universität Hildesheim können angehende Sprach- und Kulturwissenschaftler das Thema "Internationales Informationsmanagement, Sprachwissenschaft und Interkulturelle Kommunikation" sogar studieren. Das Studium, das mit einem Masters Degree abgeschlossen wird, dauert zwei Jahre. (7), (8)

Weiterführende Literatur

(1) Erfolg durch kulturangepasste Strategie – im Westen wie in Asien Wichtig ist die Kenntnis der Unterschiede
aus Finanzierung Leasing Factoring, Heft 01/2011, S. 42-43

(2) Wenn gar nichts mehr geht, dann heißt es: Lächeln, Lächeln, Lächeln
aus Immobilien Zeitung / Special anlässlich der Immobilienmesse MIPIM vom

(3) Gemischte Teams bergen Konfliktpotenzial
aus Immobilien Zeitung / Special anlässlich der Immobilienmesse MIPIM vom

(4) Chance oder Risiko?
aus - Personalwirtschaft, Heft 03/2012, S. 57-59

(5) Mittelständler ziehen den Kürzeren
aus - Personalwirtschaft, Heft 02/2012, S. 18-21

(6) "Die spinnen, die Römer" INTERKULTURELLE KOMMUNIKATION Wer Verständnis für andere Kulturen entwickeln will, muss zuerst die eigene hinterfragen. Gar nicht so leicht. Ute Clement zeigt in "Kon-Fusionen", wie's geht
aus impulse vom 25.08.2011, Seite 66

(7) Interkulturelle Verhandlungen
aus Frankfurter Allgemeine Zeitung, 08.01.2011, Nr. 6,

S. C4

(8) Interkulturelle Verständigung
aus Frankfurter Allgemeine Zeitung, 13.08.2011, Nr. 187, S. C4

Impressum

Fettnäpfchenalarm - Interkulturelle Inkompetenz ist nicht nur potenziell peinlich, sondern gefährdet auch den Geschäftserfolg

Bibliografische Information der deutschen Nationalbibliothek

Die Deutsche Nationalbibliothek verzeichnet diese Publikation in der deutschen Nationalbibliografie; detaillierte bibliografische Daten sind im Internet über http://dnb.d-nb.de abrufbar.

ISBN: 978-3-7379-0389-9

© 2015 GBI-Genios Deutsche Wirtschaftsdatenbank GmbH, Freischützstraße 96, 81927 München, www.genios.de

Alle Rechte vorbehalten. Dieses Werk ist einschließlich aller seiner Teile – z.B. Texte, Tabellen und Grafiken - urheberrechtlich geschützt. Jede Verwertung außerhalb der Grenzen des Urheberrechtsgesetzes bedarf der vorherigen

Zustimmung des Verlags. Dies gilt insbesondere auch für auszugsweise Nachdrucke, fotomechanische Vervielfältigungen (Fotokopie/Mikroskopie), Übersetzungen, Auswertungen durch Datenbanken oder ähnliche Einrichtungen und die Einspeicherung und Verarbeitung in elektronischen Systemen.